THIS JOURNAL
BELONGS TO

THIS JOURNAL BELONGS TO

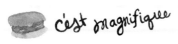 c'est magnifique

# CHECKLIST

NOTRE-DAME

c'est bon

Moulin
Rouge

oui!

The Louvre

# CHECKLIST

- [ ]
- [ ]
- [ ]
- [ ]
- [ ]
- [ ]
- [ ]
- [ ]
- [ ]
- [ ]
- [ ]
- [ ]
- [ ]
- [ ]
- [ ]
- [ ]
- [ ]

MY HEART BELONGS TO

*Paris*

The Louvre

Moulin
Rouge

# NOTES

ARC DE TRIOMPHE

The Mona Lisa

Arc de Triomphe

c'est bon

# NOTES

 J'ADORE

NOTRE-DAME

Panthéon

CAFÉ

JOIE DE VIVRE

# CHECKLIST

- [ ]
- [ ]
- [ ]
- [ ]
- [ ]
- [ ]
- [ ]
- [ ]
- [ ]
- [ ]
- [ ]
- [ ]
- [ ]
- [ ]
- [ ]
- [ ]

VIVE LA
FRANCE

c'est bon

 bonjour

NOTRE-DAME

Sacré-Coeur

la baguette

Arc de Triomphe

# CHECKLIST

- [ ]
- [ ]
- [ ]
- [ ]
- [ ]
- [ ]
- [ ]
- [ ]
- [ ]
- [ ]
- [ ]
- [ ]
- [ ]
- [ ]
- [ ]
- [ ]
- [ ]

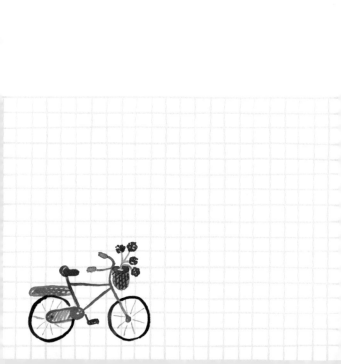

*bon appétit*

Bonjour

# NOTES

Sacré-Coeur

BON APPÉTIT

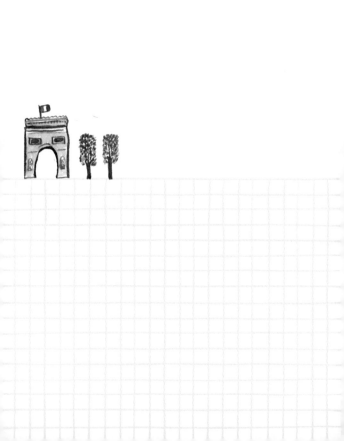

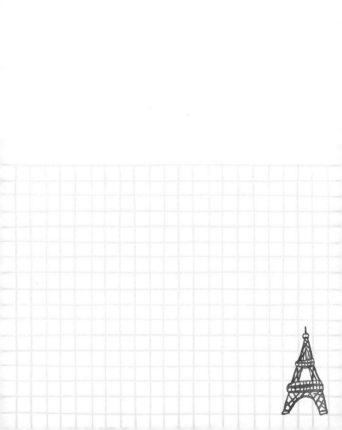

 c'est bon

PARIS

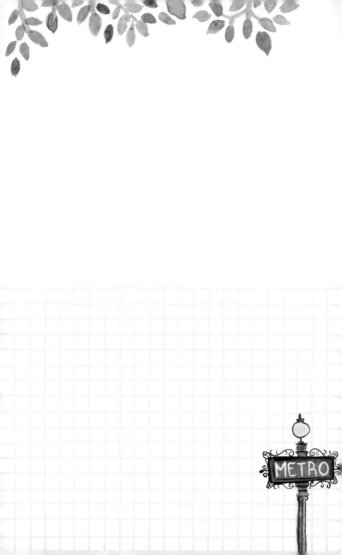

Artwork by Heather Strianese.
www.leveretpaperie.com

9H7-F5D-3B1
ISBN 978-0-7353-3687-2

9 780735 336872

GALISON 28 WEST 44TH STREET · NEW YORK, NY 10036
Designed in the U.S.A. Manufactured in China